AF563972

4397

TABLEAU

DE

GUÉRISONS DE SURDITÉS,

OPÉRÉES

PAR LE CATHÉTÉRISME

DE LA TROMPE D'EUSTACHE,

SUIVI D'UNE LETTRE

ADRESSÉE A L'ACADÉMIE DE MÉDECINE;

PAR

Le Dr Deleau jeune,

MÉDECIN DE L'HOSPICE DES ORPHELINS, POUR LE TRAITEMENT DES MALADIES DE L'OREILLE, MEMBRE CORRESPONDANT DE L'ACADÉMIE ROYALE DE MÉDECINE DE MADRID, ET DE PLUSIEURS SOCIÉTÉS SAVANTES, etc.

PARIS,

DE L'IMPRIMERIE DE GUIRAUDET,

RUE SAINT-HONORÉ, N° 315.

1827.

TABLEAU

De diverses espèces de surdité guéries par le cathétérisme de la trompe d'Eustache,
Pour détruire les suppositions gratuites émises contre cette opération, par M. Itard, le 10 juillet 1827, en présence de l'Académie de médecine;

PAR LE DOCTEUR DELEAU JEUNE.

NUMÉROS D'ORDRE.	NOMS DES PERSONNES GUÉRIES.	ELLES DEMEURENT A	AGE.	CAUSES DÉTERMINANTES DE LA SURDITÉ.	DURÉE DE LA SURDITÉ.	DEGRÉ DE SURDITÉ MESURÉ AVEC LE BATTEMENT D'UNE MONTRE. ENTENDAIT A	NOMBRE DE DOUCHES D'AIR PORTÉES DANS L'OREILLE MOYENNE.	RÉTABLISSEMENT DE L'OUÏE. ENTEND LA MONTRE A	NOMS DES PERSONNES QUI M'ONT ADRESSÉ LES MALADES.	OBSERVATIONS.
1	M. Mariotte, président du tribunal.	Châtillon-sur-Seine.	64	Plusieurs bains froids.	47 ans.	1 à 2 pouces.	20 douches.	3 pieds.		L'emploi de la sonde a été secondé par de fortes transpirations.
2	M. Moreau, grand-vicaire.	Versailles.	69	Un coup à la tête.	4 ans.	N'entendait pas.	15 douches.	5 pieds.		Entend toujours très bien.
3	Mademoiselle Lavoisier.	Paris, rue de la Cerisaie.	40	Rhumes fréquents.	2 ans.	Sur l'oreille.	30 douches.	3 à 4 pieds.		Il y a 18 mois que cette guérison est opérée.
4	M. Daubré.	Metz.	18	Inconnue.	14 à 15 ans.	2 à 4 pouces.	Pendant 5 mois.	5 à 6 pieds.	MM. Lacretelle et Gorcy.	M. Daubré avait aussi la vue basse; il entend parfaitement bien et sans aucune variation dans l'ouïe.
5	M. Roguet (négociant).	Bercy.	50	Angines chroniques.	18 mois.	1 à 2 pouces.	40 à 50 douches.	5 à 6 pieds.		M. Roguet avait été traité par MM. Itard et Cie.
6	M. Pallu (négociant).	Tours.	20	Coupe de cheveux.	8 ans.	2 à 5 pouces.	25 à 30 douches.	5 à 6 pieds.		La caisse du tympan était aussi le siége d'une phlegmasie chronique.
7	Madame Gariot.	Paris, passage de l'Ancre.	42	Otite ancienne.	25 ans.	Sur l'oreille et à 4 pouces.	20 douches.	4 à 5 pieds.		Les douches d'air ont enlevé le bourdonnement.
8	M. Germain (négociant).	Bercy.	37	Abus des liqueurs.	8 ans.	5 pouces.	40 douches.	6 pieds.		La membrane du tympan était perforée à droite; l'air n'a produit aucun effet de ce côté.
9	M. Laurent (ancien militaire).	Paris, rue d'Orléans, n° 40.	46	Le bivouac.	20 ans.	Sur l'oreille et à 2 pouces.	17 à 18 douches.	A 5 pieds.	M. Duméril.	Les moxas n'avaient opéré aucun changement dans l'audition.
10	M. Sauvage.	Compiègne.	15	Les bains froids.		1 à 2 pouces.	36 douches.	5 à 6 pieds.	M. Reddet.	Les injections d'air seules ont fait cesser la surdité et les bourdonnements.
11	M. Perrée.	Paris, rue Saint-Denis.	17	Disposition de naissance.	10 à 12 ans.	1 à 6 pouces.	Pendant 1 mois.	5 à 6 pieds.	M. Sarlandière.	Les dérivatifs et la résection des amygdales n'avaient rien changé à la surdité.
12	M. Porcheron.	Sèvres, à la manufacture.	14	Suite d'un abcès.		2 à 3 pouces.	6 douches.	2 pieds.	M. Brongniard.	Cet enfant portait sur sa figure l'empreinte de la surdité.
13	M. Gilbert.	Créteil.	16	Le froid.	10 mois.	4 pouces.	27 douches.	5 à 6 pieds.		Cette surdité variait beaucoup d'intensité. La cure est parfaite.
14	M. Brahaut (officier supérieur).	Paris, rue de l'Université.	47	Rhumatismes.	10 ans.	N'entendait pas à gauche.	4 douches.	5 à 6 pieds.		Le rétrécissement des trompes était compliqué de l'engouement du conduit auditif droit.
15	Mademoiselle de Lapérouse.	Paris, rue du Faubourg-Poissonnière.	15	Chute sur la tête.	9 ans.	Sur l'oreille.	16 douches.	5 à 6 pieds.	M. le Cte de Cacqueray.	Le rétrécissement de la trompe d'Eustache droite était complet.
16	Mademoiselle Deptesson.	Paris, rue Charlot.	17	Suppression d'hémorrhag. nasales.	18 mois.	2 et 6 pouces.	35 douches.	5 à 6 pieds.		Des douleurs dentaires avaient aussi contribué à la maladie.
17	Mademoiselle Garnier.	Vernou.	16	La rougeole.	6 ans.	Sur l'oreille.	30 à 40 douches.	3 à 4 pieds.	M. Edwarts.	Les douches d'air ont été secondées par des dérivatifs.
18	M. Dussault (sourd-muet).	Paris, rue des Jeûneurs.	9	De naissance.	9 ans.	N'entendait pas.	Pendant 3 mois.	6 pouces à 1 pied.	MM. Rousseau et Cretté.	Cet enfant portait une dartre sur la figure; elle a été guérie par M. Kunkel.
19	M. Martin (sourd-muet).	Paris, rue des Enfants-Rouges.	14	La variole.	11 ans.	N'entendait pas.	Pendant 2 mois.	4 pouces.		Il demeure chez moi; il commence à parler; il sait lire.
20	Madem. Rosset (sourde-muette).	Paris, rue du Faubourg-Saint-Denis.	6	De naissance.	6 ans.	N'entendait pas.	10 douches.	On l'ignore encore.		Cette enfant a peu d'intelligence; elle apprend à parler.
21	M. Blanqui (demi-sourd-muet).	Paris, rue de Crussol.	14		11 à 14 ans.	Rien à gauche.	15 douches.	3 pieds à droite.		Ce jeune homme prononce très mal; il ne sait pas construire une seule phrase : c'était un demi-sourd-muet.
22	M. Chabot (sourd-muet).	Paris, cour de Lamoignon.	13	De naissance.	13 ans.	N'entendait pas.	Pendant 3 mois.	2 pouces.		Ce jeune homme suivait le cours de l'Institution des sourds-muets; il sait lire, et parle déjà passablement.
23	Mademoiselle Fourmond.	Angers.	25	Suite de coups à la tête.	5 ans.	Rien à droite, de 4 à 5 p. à gauc.	Pendant 2 mois.	2 pieds.		Le traitement n'est pas encore terminé.
24	M. Vachot.	Paris, rue Jarente.	15	Phlegmasie de la gorge.	10 à 12 ans.	1 pouce.	30 à 40 douches.	18 pouces.		Outre le rétrécissement de la trompe d'Eustache, ce jeune homme était affecté d'une suppuration des conduits auditifs.
25	M. Legrand.	Chambly (Oise).	13	L'air froid et humide.	Depuis l'enfance.	6 lignes.	40 à 50 douches.	18 pouces.		Ce jeune homme est toujours en traitement. M. Itard lui avait donné des conseils.
26	M. Krausé.	Paris, faubourg Saint-Martin, n° 85.	50	Un courant d'air froid.	10 mois.	6 lignes.	10 douches.	18 pouces.		Cette surdité n'était pas accompagnée de bourdonnement, ce qui est rare.
27	M. Lefranc.	Gonesse.	13	Scarlatine angineuse.	3 ans.	Sur l'oreille.	5 à 7 douches.	1 pied.		La trompe gauche était seule rétrécie.
28	Madame Dubonneau.	Paris, rue Traversière.	62	Phlegm. chron. de l'arrière-bouch.	Plusieurs années.	Sur l'oreille.	10 à 12 douches.	18 pouces.		Le rétrécissement de la trompe coïncidait avec un resserrement du conduit auditif.
29	Mademoiselle Aline Girault.	Troyes.	9	Une chute sur la tête et l'humidité.	9 ans.	1 pouce à 2.	6 douches.	2 à 3 pieds.	M. le doct. Desjardins.	Cette enfant portait aussi un gonflement chronique des amygdales; j'ai enlevé une portion de ces glandes.
30	Clémentine Gaboriau (sourde-muette).	A l'Institution des sourds-muets.	6	La coqueluche.	4 ans.	N'entendait pas.	10 douches.	On l'ignore.	Mad. la baronne Devaux.	Cette enfant est à l'Institution de la rue S.-Jacques : on la fera sûrement passer pour une demi-sourde-muette. La guérison n'est que commencée.
31	M. Demorgny.	Paris, quai Voltaire.	51	Inconnue.	18 mois.	Sur l'oreille et 1 pouce.	15 douches.	2 pieds.	M. Magendie.	M. Demorgny avait l'oreille gauche perdue depuis 30 ans. Elle s'est considérablement améliorée.
32	M. Duprat.	Paris, rue Culture Sainte-Catherine.	25	Inflammation chronique.	5 ans.	2 et 5 pouces.	20 à 30 douches.	2 pieds.	M. Louyer-Villermai.	Le rétrécissement des trompes était compliqué d'une suppuration des conduits auditifs. Le traitement n'est pas encore terminé.
33	Mademoiselle Vandevelle.	Dôle.	20	La scarlatine.	17 ans.	Sur l'oreille et à 4 pouces.		2 pieds.	M. Tisserand.	Cette demoiselle est encore en traitement.
34	M. Lallemand.	Orléans.	50	Perte de cheveux.	14 ans.	1 à 6 pouces.	15 douches.	2 à 4 pieds.	M. Lassis.	Il est resté un léger tintement dans l'oreille gauche.
35	M. Lefèvre (demi-sourd-muet).	Arras.	7	On l'ignore.	Dès le bas-âge.		60 douches.			Cet enfant était dans la position du jeune homme inscrit au n° 21.
36	M. Simon, médecin, conseiller d'état.	Pétersbourg.	50	Anciens coryzas.	10 ans.	Sur l'oreille.	1 douche.	2 pieds.	Le docteur Correff.	Je n'ai vu cet honorable confrère que la veille de son départ.

A

MESSIEURS LES MEMBRES

DE

L'ACADÉMIE DE MÉDECINE.

MESSIEURS,

Dans votre séance générale du 10 juillet, vous avez nommé une commission chargée d'examiner deux mémoires relatifs aux résultats qu'on peut espérer de l'opération du cathétérisme de la trompe d'Eustache sur les personnes affectées de surdité à divers degrés.

Messieurs les membres de cette commission doivent aussi émettre leur opinion sur l'utilité de l'éducation auditive et vocale dont sont susceptibles celles qui sont attaquées de surdi-mutité incomplète.

J'ai lu à l'Académie royale des Sciences, le 30 janvier 1826, un Mémoire, dans lequel je reconnais la nécessité de cette éducation que réclament les infortunés nommés improprement demi-sourds-muets. J'ai dit dans cet écrit que, pour déterminer le mode d'instruction qui convient aux individus affectés de surdité dès la naissance et la première enfance, on devrait les diviser en trois classes : la première classe comprendrait les sourds-muets complets; la seconde renfermerait ceux qui jouissent de l'organe de l'ouïe jusqu'à un certain degré;

et enfin la troisième classe serait composée des sourds qui, pris dans les deux premières divisions, seraient susceptibles d'acquérir, par le secours de l'art de guérir, une ouïe assez fine pour comprendre le langage articulé, par le moyen seul de l'oreille.

Dans les mémoires que vous avez à examiner, M. Itard conteste l'existence de cette dernière classe; il improuve, il rejette, il condamne tous les secours de la médecine envers ces infortunés; il ne veut pas même qu'on se livre à toute tentative qui pourrait les guérir de cette infirmité, ou du moins en diminuer la gravité! Quelle étrange assertion!.... Des aveugles devront à vos soins le bienfait de la vision, des paralytiques celui du mouvement!.... vous irez à travers des canaux étroits détruire des pierres formées au centre du corps de l'homme! il vous arrivera même quelquefois, Messieurs, de donner à l'organe de l'intelligence des facultés perceptibles que lui avaient refusées des accidents provenant de la gestation ou de la naissance! et l'on vous refuse le pouvoir, non seulement de procurer une oreille plus fine aux sourds, mais même de rendre quelques uns de ces malheureux aptes à saisir le langage parlé!... Applaudirez-vous, Messieurs, à cet aveu que l'on cherche à vous arracher? Éloignerez-vous des bienfaits de la médecine les individus affectés de surdité? leur refuserez-vous vos soins éclairés? Ce serait vous faire injure que de le penser. Avant qu'il fût question de la lithotritie, vous seriez-vous déclarés contre la possibilité de détruire des calculs vésicaux par le canal de l'urètre? Si cela fût arrivé, comment concilieriez-vous aujourd'hui cette opinion avec les brillantes opérations de MM. Civiale et Heurteloup?

Une semblable question, Messieurs, concernant les sourds, est soumise à votre jugement: vous avez à prononcer sur les résultats de l'opération du cathétérisme de la trompe d'Eustache, et c'est à ce sujet qu'on ose vous demander (M. Itard) : « A quoi tiennent *les insuccès de ma pratique?* Est-ce au ha-« sard que M. Deleau doit ses cures? Est-ce au choix particulier

« des malades? Serait-ce à la dextérité de l'opérateur? Serait-« ce au perfectionnement apporté dans les instruments? Est-ce « à l'insufflation de l'air dans l'oreille moyenne? »

A toutes ces questions, je ne répondrai que par des faits : ils seront mis sous vos yeux; vous pourrez les rapprocher des assertions que mon adversaire a développées en votre présence, et qui lui ont valu quelques applaudissements. Je suis persuadé que Messieurs les membres de l'Académie sont entièrement étrangers à ces marques d'approbation : car les questions et les réponses soumises à son examen appartiennent à l'un d'eux; et, dans une société aussi dinstinguée, les savants qui en font partie ne s'abaisseraient pas à une échange mutuel d'adulations. Leur justice, d'ailleurs, leur impartialité, est trop connue, pour que dans une discussion aussi importante pour l'humanité ils se prononcent hautement en faveur d'une des parties sans entendre l'autre.

Je le répète donc, je ne répondrai à M. Itard que par des faits positifs; je les présenterai tels que ma pratique me les a offerts; je ne les accompagnerai d'aucune réflexion. Ce sont de simples observations, isolées de tous préceptes didactiques : car, avant d'écrire pour les autres, dût-on encore m'en faire le reproche, je me suis fait la loi d'observer, de réfléchir; en un mot, de me livrer entièrement à la pratique de la médecine avant de faire des livres, et non de faire des livres pour me procurer une clientelle, selon la mode du jour. Je vais, il est vrai, publier quelques résultats de mes opérations; mais mon seul but est de vous mettre à même de vous prononcer sur l'opération du cathétérisme de la trompe d'Eustache, et de vous prouver qu'il reste encore amplement à glaner sur les traces de M. Itard.

Les sourds-muets susceptibles de recevoir l'avantage de l'ouïe ne sont pas nombreux, il est vrai; mais dire qu'il n'y en a aucun qui puisse y parvenir, parce qu'on a fait des tentatives inutiles, c'est, il faut l'avouer, avoir de ses talents pratiques une opinion par trop avantageuse. Je prouverai que

M. Itard lui-même a démontré dans ses ouvrages qu'il existe de ces individus curables; mais ces mêmes ouvrages, et surtout les derniers mémoires que cet honorable médecin a lus en votre présence, prouvent que, quand bien même ces infortunés se trouveraient soumis à son examen, sa manière vicieuse de sonder, et plus encore les médicaments qu'il dit avoir portés dans l'oreille moyenne, sont tout-à-fait propres à anéantir l'ouïe chez ceux qui seraient susceptibles d'acquérir cette fonction.

Quand je lis dans un des mémoires cités le passage où il est dit « que pendant les injections la surdité a augmenté », c'est pour moi une preuve que le traitement et les remèdes étaient mal employés... Faut-il maintenant s'étonner si huit sourds-muets, comme le dit M. Itard, disposés à entendre, ont éprouvé une sensibilité auditive plutôt morbide que physiologique? Si par mes expériences je démontre que les traitements faits par M. Itard sont vicieux et incomplets, ne serat-on pas porté à penser que ces huit sourds-muets qui ont montré un certain degré d'audition étaient dans le cas d'une réussite plus ou moins complète, si je prouve surtout qu'il n'existe aucun moyen plus efficace pour développer l'ouïe que la sonde et les douches d'air portées dans l'oreille moyenne. Je me suis déjà prononcé dans le même sens sur cette opération, ce qui devait inspirer à cet académicien quelque défiance de sa propre expérience, peut-être même de sa dextérité. Il devait bien penser que je n'émettais pas une telle opinion sans avoir près de moi les preuves du succès. Lorsqu'il les aura sous les yeux, combien il regrettera peut-être d'avoir laissé échapper cette phrase:

« Cette opération n'est réellement remarquable que par les « récompenses qu'elle a attirées à celui qui se l'est appro- « priée !!! »

Oui, je le réclame l'héritage de cette propriété, parce que vous n'avez pas su le recueillir; vous avez négligé d'en perfectionner la pratique, depuis seize ans que vous en faites usage; dans toutes vos tentatives, vous n'avez pas su tenir compte de la sensibilité de l'oreille moyenne; vous avez exalté, perverti, cette propriété vitale dans le lieu même qui est continuellement en rapport direct avec les sons; vous avez entièrement ignoré que, quand les trompes d'Eustache sont seules malades, vous ne deviez pas porter d'eau dans la caisse, parce que ce liquide vous empêchait de reconnaître les effets salutaires que vous auriez dû opérer sur le conduit guttural, et développer l'ouï, comme cela m'est arrivé sur tous les sujets inscrits sur mon tableau.

C'est en jetant, Messieurs, un coup d'œil sur cet exposé que toute votre incertitude va cesser; vous allez asseoir votre jugement sur des faits que vous pouvez éclairer: ils sont plus que suffisants par leur nombre, par leur exactitude, pour réfuter toutes les allégations de mon adversaire, et, j'ose l'espérer, pour détruire toutes les préventions que l'on pourrait avoir en faveur de sa pratique.

Soyez persuadés, Messieurs, que ce n'est pas sans éprouver une émotion pénible que je me trouve obligé de relever ici des aveux de M. Itard, qui démontrent combien sa pratique est vicieuse. En condamnant d'une manière décisive le cathétérisme de la trompe, il a proclamé ses insuccès. Eh! qui forçait cet académicien de se perdre lui-même dans l'opinion de ses contemporains. S'il fût resté dans le doute, il n'aurait eu, en voyant la réussite de mes opérations, qu'à avouer que j'avais été plus heureux que lui; tandis qu'en se pressant d'écrire contre moi, en avançant que j'avais obtenu par subtilité les récompenses de l'Académie des Sciences, il m'a mis en droit de l'accuser de peu de dextérité dans la pratique et d'avoir eu l'intention d'affaiblir l'importance de mes travaux.

M. Itard a dit que je ne devais quelques cures de sourds-muets qu'à l'éducation vocale et auditive que je leur ai donnée, et non au secours de l'art de guérir.

Pour répondre à cette assertion, j'ai en traitement un enfant, Alphonse Dussaulx, qui n'a encore reçu aucune éducation; il

BIBLIOTHÈQUE NATIONALE R.F. IMPRIMÉS

ne jouit que des bienfaits de l'opération de la sonde, qui a tellement développé son ouïe, qu'en examinant ce muet vous ne douterez pas un instant, Messieurs, qu'il m'est redevable de ce bienfait : car si dès ses premières années il eût eu une ouïe aussi fine, il eût appris à parler comme son jeune frère, qui s'est trouvé placé dans les mêmes circonstances que lui. Si on m'objecte qu'il n'était qu'un demi-sourd-muet, je demanderai qu'on le compare à un de ces derniers infortunés qui depuis sa naissance aura toujours eu une oreille aussi délicate que la sienne, qui aura été élevé sous les yeux de parents intelligents, et surtout qui aura été mis en rapport toute sa vie avec un enfant de son âge, jouissant des organes de la voix et de l'ouïe. Je sais par expérience, et vous n'en doutez pas, Messieurs, qu'un demi-sourd-muet tel que le dernier que je viens de supposer saura parler, mal peut-être, mais enfin il aura acquis ce que mon jeune élève ne possède pas encore.

Je mets Alphonse Dussaulx à la disposition de la commission nommée par l'Académie, afin que ces honorables mandataires constatent son état présent et suivent ses progrès dans l'art de parler.

On vous présentera peut-être, Messieurs, pour opposer à mon muet, des demi-sourds élevés à l'Institution de la rue Saint-Jacques. Certes là, si on a négligé de s'occuper de leur ouïe, ils n'auront pas appris le langage articulé en fréquentant leurs collègues; mais si dès à présent on les instruit, il arrivera, et je n'en fais pas de doute, qu'ils feront des progrès dans l'art de parler. Mais que prouvera cette expérience? Que les individus privés d'une oreille fine ont besoin d'une éducation auriculaire et vocale. Qui a dit le contraire? Relisez, Messieurs, les lettres de M. Itard et mes réponses qui ont été insérées dans *le Globe* et d'autres journaux, vous serez convaincus que ce médecin seul s'opposait à cette éducation, de même qu'il rejette, après l'avoir préconisé, l'emploi de la sonde portée dans la trompe d'Eustache, dans l'intention d'améliorer le sort de ces demi-sourds.

Pourquoi tant de controverses?

Est-il donc si difficile de s'entendre, quand on propose de se livrer à des expériences décisives, comme par exemple de soumettre à l'épreuve de la sonde, en présence des membres de l'académie, tous les enfants qu'on désire instruire. Si quelques uns trouvent une oreille meilleure que celle qu'ils possèdent, on ne pourra nier les heureux effets de la sonde. Ces essais, et surtout l'amélioration de l'ouïe, n'empêcheront pas l'éducation de ces enfants, au contraire elle n'en sera que plus facile et plus simple. Si dans le nombre des demi-sourds-muets qu'on présenterait il se trouvait la jeune *Clémentine Gaboriau*, élève de l'Institution de la rue Saint-Jacques, je ne doute pas que pour elle la réussite ne fût complète, à moins qu'on n'ait déjà détérioré son oreille.

Cette enfant était autrefois sourde-muette ; elle me fut présentée par madame la baronne Deveaux, et c'est moi qui, dans le courant du mois d'août 1823, lui ai donné le degré d'ouïe qu'elle possède. Elle était très jeune alors et très vive : ces deux circonstances seules m'ont empêché de la prendre chez moi. Je l'ai revue il y a dix-huit mois : elle possédait encore un certain degré d'ouïe que j'espérais développer par de nouvelles opérations. Je pense qu'après cette déclaration on n'osera pas m'enlever cette cure projetée, et attribuer à l'éducation ce qui appartient au cathétérisme de la trompe d'Eustache.

Le projet d'expérience que je viens d'émettre vous prouve, Messieurs, que les demi-sourds-muets ne me sont pas moins chers qu'à M. Itard; ils font aussi l'objet de toute ma sollicitude: les deux faits suivants vont vous le prouver.

Edmond Lefèvre, d'Arras, âgé de sept ans, avait une oreille tellement mauvaise que sa prononciation était inintelligible pour les personnes qui n'avaient pas la grande habitude de l'écouter. Sa manière de s'expliquer ne l'était guère plus; voici quelques unes de ses phrases : « Maman Londel (pour Blondelle) « a un zardin, encore ma tan (ma tante); il a des bettes pleures « dedans....

« Edmond a été à l'éco chez monchieu....

« Papa a un beau voiture, l'a acheté un cheval, puis l'est « mort. Lui est mésant, l'a donné des coups; papa grondera « lui....

« Papa viendra chercher Edmond pour la fête d'Ara (Arras) « dans ma mois (pour dans trois mois) ».

Cet enfant me fut confié pendant trois mois pour être sondé tous les cinq ou six jours; il retourna près de ses parents, qui m'adressèrent la lettre suivante, datée du 6 avril 1827.

MONSIEUR.

« Lorsque mon mari ramena Edmond nous le trouvâmes changé; nous eûmes long-temps l'intention de vous le reconduire; mais il s'est opéré un si grand changement que nous ne voyons pas l'utilité de nous en séparer. Sans cette circonstance avantageuse, soyez persuadé, Monsieur, que nous vous l'aurions confié de nouveau.

L'ouïe s'est considérablement améliorée. Je vous aurais fait part plus tôt de cet heureux changement si je n'avais attendu l'occasion de madame P...., qui pourra vous dire combien Edmond a fait de progrès ».

Recevez, je vous prie, etc.

LEFÈVRE-BLONDEL.

Je traite dans ce moment chez moi le jeune Bichat Blanqui, qui sera encore plus remarquable qu'Edmond sous le rapport du développement de l'ouïe. Quand sa mère me le presenta, il n'entendait pas de l'oreille gauche; il était forcé de rapprocher une montre à un pouce de la droite pour en percevoir le battement. Huit douches d'air suffirent pour lui faire entendre la même montre à trois pieds à droite et à un pied à gauche. Je le soumets avec Alphonse Dussaulx à votre observation. Vous pouvez encore aujourd'hui constater le degré d'ouïe qu'il possède, et suivre les résultats des opérations qui me restent à faire sur son oreille.

Je ne terminerai pas cette lettre, Messieurs, sans vous promettre de plus amples renseignements que ceux qui sont portés sur le tableau que j'ai l'honneur de vous offrir aujourd'hui. J'étais loin de m'attendre à l'attaque méditée depuis longtemps par M. Itard; dorénavant je me tiendrai sur la défensive. Je tâcherai d'avoir constamment de nouveaux faits, de nouvelles observations à opposer aux déclamations qu'il se plaira à diriger contre mes travaux.

J'ai l'honneur d'être,

Messieurs.

Votre très humble et très obéissant serviteur,

DELEAU, D. M. P.

POST-SCRIPTUM.

POST-SCRIPTUM.

Monsieur Itard ne connaît plus aucune mesure dans ses attaques ; tout moyen de répandre ses diatribes lui est bon. Il ne me pardonnera jamais d'avoir suivi la même carrière que lui : les honorables suffrages que j'ai obtenus de l'Académie royale des Sciences ne lui laissent aucun repos! N'ayant pu déprécier mes travaux par la voie des journaux, ce médecin à lu en présence de l'administration des sourds-muets et de l'Académie royale de Médecine les mémoires qui font l'objet de cette lettre. Peu satisfait des résultats qu'il a obtenus de ces premières démarches, il attend beaucoup plus d'effet d'une thèse qui vient d'être soutenue à la Faculté de Médecine. L'auteur de cet écrit a mis tout en œuvre pour me nuire; mais en revanche, prodigue d'éloges envers M. Itard, il prétend que lui seul a contribué aux progrès de l'art de traiter les maladies de l'oreille : c'est ce qu'il affirme comme *son élève et son chef de travaux.*

Cet aveu est plus que suffisant pour faire pressentir toute l'animosité de ce jeune docteur contre moi: aussi s'exhale-t-il comme son maître, et peut-être sous sa dictée, en personnalités injurieuses, en suppositions mensongères qui se trouvent démenties par les mémoires que j'ai lus à l'Académie royale des Sciences.

Le plus profond mépris eût été ma seule réponse à des sorties aussi inconvenantes, aussi calomnieuses, si elles n'étaient en quelque sorte revêtues de la sanction de deux membres de l'Académie de Médecine. Que M. Itard se soit laissé encenser par son élève, tout le monde a ses faiblesses : mais M. Coutanceau!!.... accepter la dédicace d'un écrit supprimé en grande partie par la commission de l'Ecole de Médecine chargée de l'examiner! approuver en quelque sorte des personnalités qui ont attiré à leur auteur de la part d'un professeur le refus de présider à sa réception! c'est faire présumer qu'il partage aveuglément les sentiments, les passions de son ami (M. Itard); c'est donner lieu de douter de son impartialité, s'il avait à comparer les travaux de mon adversaire avec les miens!

A Dieu ne plaise que je cherche ici à faire planer le soupçon sur M. Coutanceau : il me permettra seulement de lui faire observer qu'il ne devait pas ignorer que ses maîtres se sont formellement prononcés sur mes mémoires, que son protégé, le digne élève de M. Itard, a feint de ne pas connaître, pour justifier ses hostilités. Il lui sied bien de juger mes talents pratiques, de parler surtout du cathétérisme de la trompe d'Eustache, après le rapport qui a été fait en 1822, à l'Académie des Sciences, par MM. Pelletan et Percy, où il est dit :

« Le cathétérisme de la trompe d'Eustache, qu'il vaut « mieux appeler *Eustachi*, est une des grandes ressources « qu'emploie le docteur Deleau dans le traitement des di- « verses espèces de surdité; et, s'il est loin de s'en attribuer « l'invention, on ne peut guère lui en contester le perfection- « nement.

« M. Deleau s'est plu, dans son mémoire, à nommer « M. Itard, son premier guide, et à lui faire hommage de « son heureux début dans la carrière, ainsi que des progrès « qu'il y a faits (1) : car le disciple est allé plus loin que le « maître, pour qui cette assertion ne peut être que glorieuse « et satisfaisante (2). Notre jeune docteur ne s'est pas borné à « sonder par la narine correspondante à l'oreille affectée : il « est parvenu à sonder par la narine opposée, ce qui est ex- « trêmement précieux dans le cas d'un polype qui remplirait

(1) A cette époque je ne connaissais pas M. Itard; je croyais devoir être reconnaissant de l'instruction que j'avais puisée dans ses ouvrages.

(2) On voit que M. Itard ne pense pas comme M. le baron Percy, ce qui ne surprend pas les personnes qui ont lu son ouvrage : il ne peut supporter les travaux de ses contemporains; il jette du doute sur la véracité de Wathen; à peine daigne-t-il parler du docteur Saissy. (Voy. son ouvrage, 2e vol., pag. 232.)

« la première, dans celui d'une déviation de la cloison nasale, « ou lorsque les cornets du nez ont trop de développement.

« M. Deleau rapporte en détail la manière dont on procède « le plus généralement dans le cathétérisme dont il est ques- « tion, et il ne refuse pas ses éloges à ceux qui le pratiquent « ainsi. Mais, sans trop s'enorgueillir de sa supériorité, il « prouve incontestablement qu'il fait mieux, en ce que les « instruments des autres sont nombreux, compliqués, non « susceptibles de recevoir les formes qu'exige la diversité des « cas, puisqu'ils sont de métal dur, tandis que les siens sont « simples, flexibles et propres à se prêter à toutes les cour- « bures qu'on a besoin de leur donner, à raison de l'angle « plus ou moins évasé ou rentrant que forme la fosse nasale « avec la trompe qui lui correspond; et c'est ce défaut de flexi- « bilité qui cause le plus de tâtonnement à l'opérateur, « comme le plus de douleurs à l'opéré, et qui nuit le plus « souvent à l'entrée de la sonde dans le canal, et par consé- « quent à l'œuvre de l'abstersion.

« Il ne faut à M. Deleau qu'une petite sonde de gomme « élastique, ouverte par les deux bouts, pourvue à l'un d'eux « d'un pavillon d'argent, pour y attacher un long fil de soie, « avec lequel on la retient en place, en tirant ce fil autour de la « tête, et portant un mandrin de fil d'argent, qu'on redresse « et courbe à volonté. Cette sonde, préalablement enduite « d'huile, et dont le contact est incomparablement plus doux « que celui des sondes métalliques, étant introduite à l'aide « de manœuvres combinées selon la structure et la disposi- « tion anatomique des parties, on y adapte une petite serin- « gue, et on injecte une liqueur dont les propriétés varient selon « la nature de l'engorgement : tantôt c'est une eau tiède sim- « plement délayante ou détersive; tantôt c'est une eau astrin- « gente ou aromatique; quelquefois aussi l'auteur a recours « aux fumigations sèches ou humides, et même, si on voulait « employer l'électricité, il propose de faire arriver jusqu'à « l'oreille interne des excitateurs appropriés.

« Enfin, il parle de porter dans la trompe de petits cylindres « d'éponge préparée, pour la dilater en certain cas, et nous « ne doutons pas qu'il y réussisse ainsi que dans le cathétérisme « par la narine opposée, quoique nous ne le lui ayons pas vu « pratiquer; mais l'un de nous ayant été témoin de l'adresse « et de la promptitude avec lesquels il l'exerce sur la narine « correspondante, nous répondrions qu'il s'en retire aussi bien « que sur l'autre, quand d'ailleurs aucun vice de conformation, « aucune altération pathologique, ne s'y opposent.

« Au reste M. Deleau, qui a fait d'excellentes études classi- « ques et médicales, qui est doué d'un jugement sain, de « beaucoup de sagacité, et d'une dextérité manuelle peu com- « mune, s'étant presque exclusivement consacré à la curation « de la surdité et des autres affections de l'organe auditif, ne « pouvait que se distinguer dans cette partie si intéressante de « l'art de guérir, qu'il a voulu, à l'exemple de MM. Itard et « Saissy, arracher à l'aveugle et avide empirisme; et nous « allons voir, dans le mémoire que nous avons encore à faire « connaître à l'Académie, quelles moissons il a déjà recueillies « dans ce champ depuis si peu de temps défriché, etc., etc.

« En voilà assez pour faire connaître à l'Académie le mérite « et l'importance du traitement spécial auquel se livre M. le « docteur Deleau, et pour faire désirer que ce médecin si re- « commandable trouve dans la confiance publique et dans l'es- « time des amis de l'humanité la récompense de son zèle et de « ses utiles et intéressants travaux. »

Signé Pelletan, Percy, *rapporteurs*.

L'Académie approuve le rapport, et en adopte les conclusions.

Certifié conforme :

Le Secrétaire perpétuel, Conseiller d'État, Commandeur de l'Ordre royal de la Légion-d'Honneur,

Signé CUVIER.

BIBLIOTHÈQUE ROYALE

www.ingramcontent.com/pod-product-compliance
Lightning Source LLC
LaVergne TN
LVHW021712230826
846092LV00002BA/973

* 9 7 8 2 0 1 9 2 4 4 3 4 7 *